8° V
8291
25

AF458977

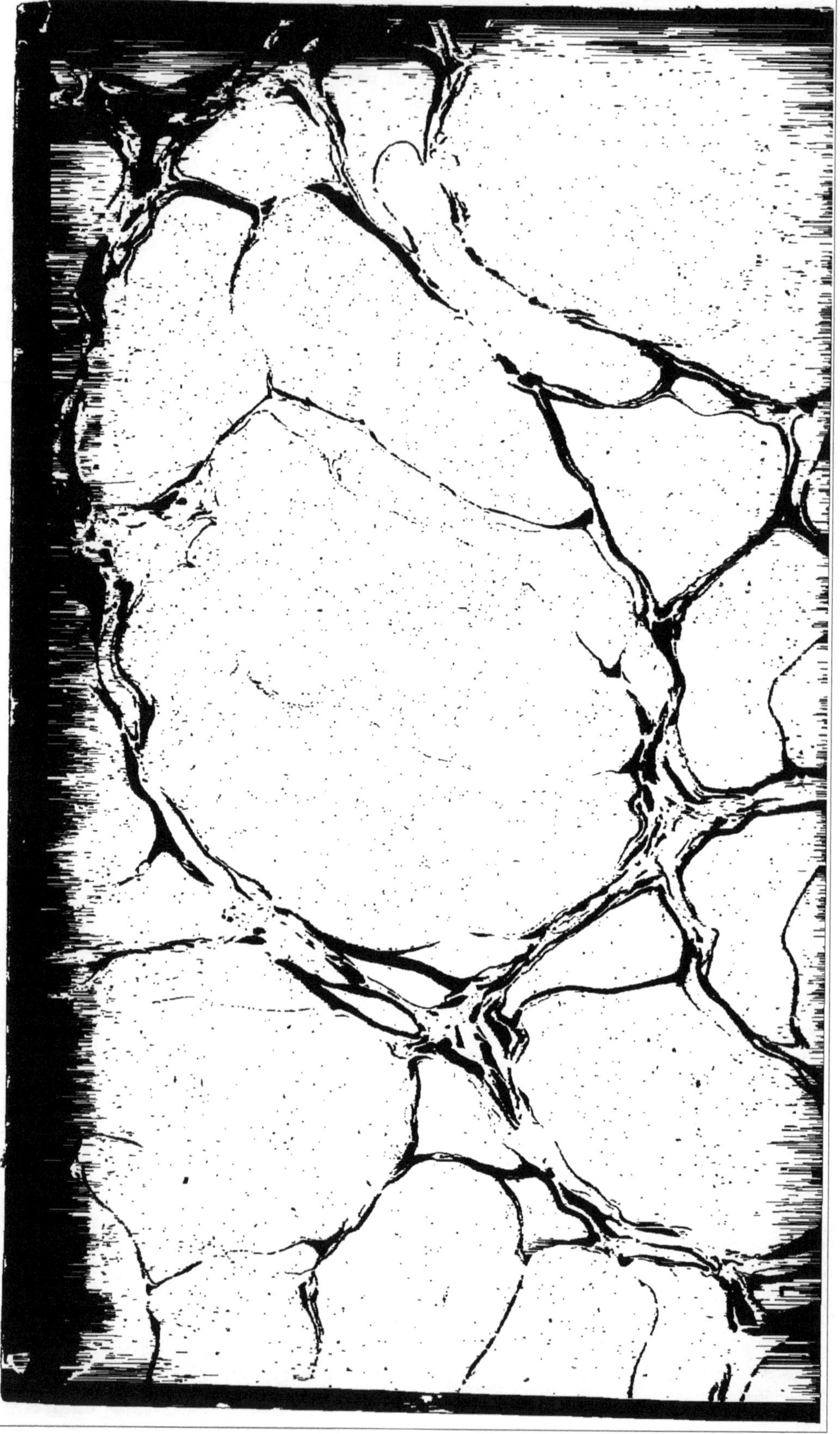

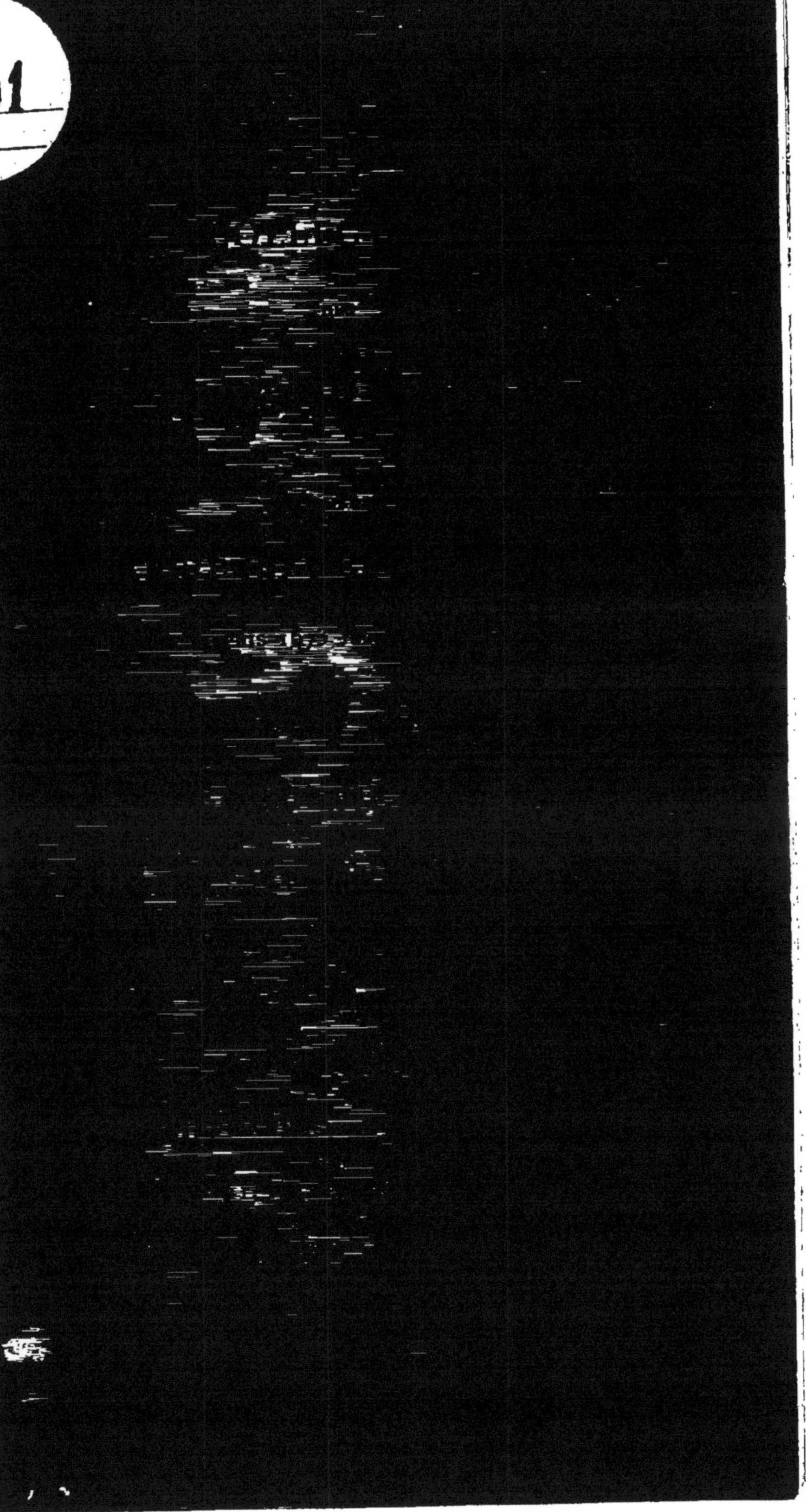

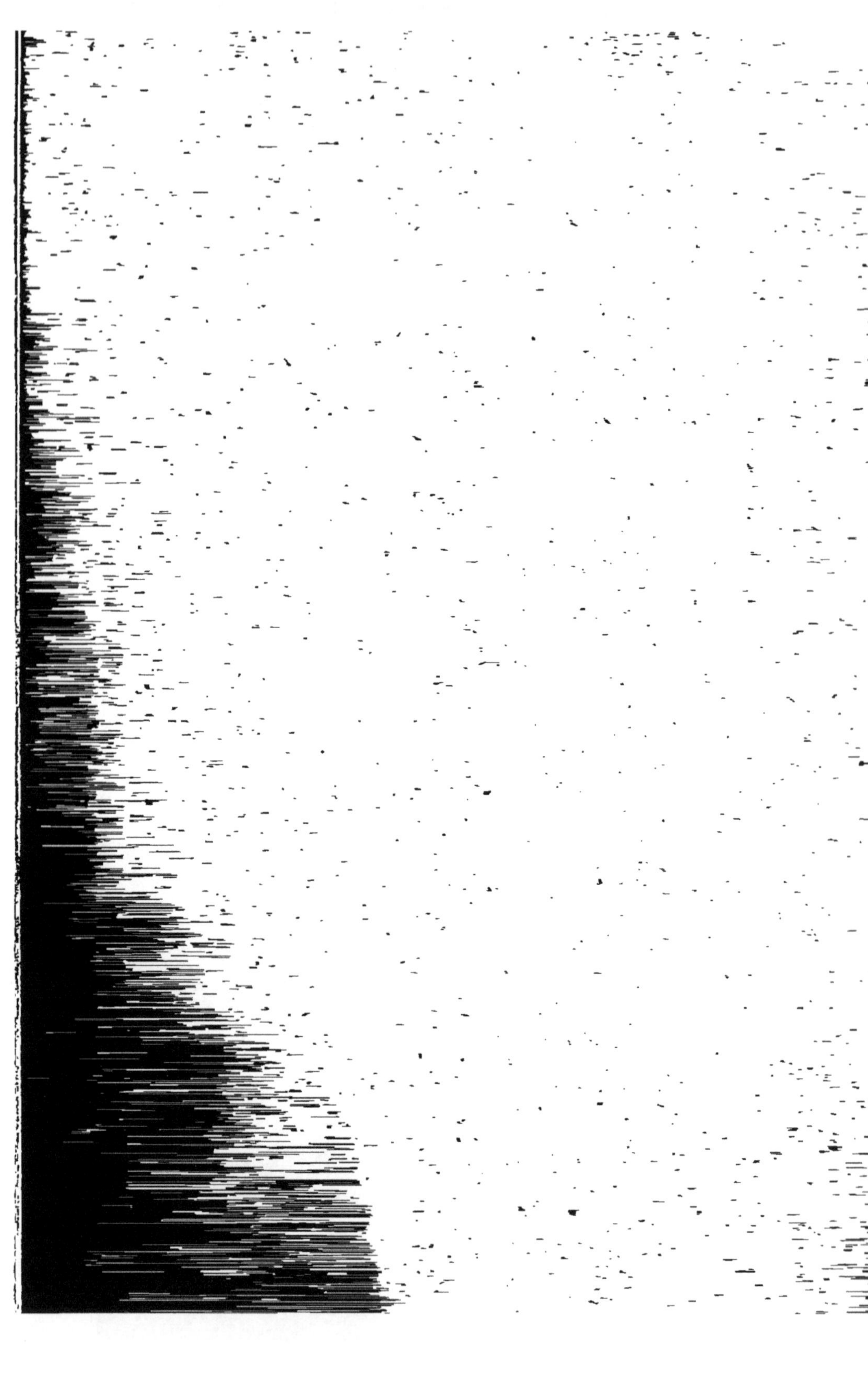

EXPOSITION

DE 1769

—

XXV

# COLLECTION

DES

# LIVRETS

DES

ANCIENNES EXPOSITIONS

DEPUIS 1673 JUSQU'EN 1800



## EXPOSITION DE 1769

PARIS

LIEPMANNSSOHN ET DUFOUR

ÉDITEURS

11, rue des Saints-Pères

FÉVRIER 1870

NOMBRE DU TIRAGE

DU LIVRET DE 1769.

| | | |
|---|---|---|
| 375 | exemplaires | sur papier vergé. |
| 25 | — | sur papier de Hollande. |
| 10 | — | sur chine. |

N°

Ce livret est vendu seul 2 fr. 50.

# NOTICE BIBLIOGRAPHIQUE.

LIVRET :

Nous avons rencontré trois exemplaires différents : Le premier tirage a 46 p., 259 n$^{os}$ et 2 p. d'Arrêt. Il renferme déjà l'Addition relative au tombeau du Dauphin, par Coustou. Le *Supplément à l'article de M. Jollain* ne s'y trouve pas. Ce supplément, imprimé sur une feuille détachée, sans pagination, mais portant déjà le n° 260, a été ajouté à certains exemplaires après l'Arrêt. Comme l'article additionnel n'occupe que la moitié de la page, le cul-de-lampe qui se trouve à la p. 44 sur le premier tirage est répété ici. Ces exemplaires appartiennent à la même édition que ceux qui n'ont que 46 p. et 259 n$^{os}$, seulement le supplément a été ajouté après coup. Enfin, une autre édition a intercalé l'article supplémentaire de Jollain au bas de la page 44, à la place du cul-de-lampe, en conservant exactement la composition de l'article supplémentaire ajouté au premier tirage sur un feuillet détaché. Ainsi deux éditions; seulement quelques exemplaires de la première possèdent déjà le supplément, qui a été fondu avec le corps du livret dans la seconde.

Sur certains exemplaires (2$^{e}$ édition) on lit *Bolonoise* au n° 44 au lieu de *Polonoise*. C'est sans doute une faute typographique; nous avons donc cru devoir conserver ici *Polonoise*.

CRITIQUES :

*Mercure de France*. Numéro d'Octobre, signé DESBOULMIERS.

Denis Diderot : Salon de 1769 (cinq lettres). Edit. Brière, t. X, p. 125-163. Le commencement du Salon de 1769 a été publié pour la première fois par M. Walferdin, en 1857, dans le XXXIXe volume de la *Revue de Paris* (p. 17).

*Année littéraire :* Exposition des peintures, sculptures et gravures de Messieurs de l'Académie Royale. 1769. T. V, p. 289-324.

Bachaumont. *Mémoires secrets.* Trois lettres. T. XIII (éd. de 1780), p. 35-71.

*Année littéraire,* lettre 13. T. V, p. 289-324.

Lettre sur l'exposition des ouvrages de peinture et de sculpture au Sallon du Louvre, 1769. A Rome, et se trouve à Paris chez Vente, 1769. Avec approb. et perm., in-12 de 52 p.

Lettre sur le salon de peinture de 1769, par M. B***. A Paris, chez Humaire, 1769, in-12 de 34 p.

De Camburat. L'exposition des tableaux du Louvre faite en l'année 1769, par M. de Camburat. A Genève, et se trouve à Paris chez Valade 1769, (en vers libres), in-8° de 22 p.

Sentimens sur les tableaux exposés au salon, 1769, in-8°, 30 p.

Le Chinois au salon, 1769. In-8°, 15 p. (Sort de la même imprimerie que la pièce précédente; on le reconnaît aux caractères et aux fleurons).

Lettre sur les peintures, gravures et sculptures qui ont été exposées cette année au Louvre; par M. Raphael, peintre, de l'Académie de Saint-Luc, Entrepreneur Général des Enseignes de la Ville, Faubourgs et Banlieue de Paris; à M. Jerosme, son ami, Rapeur de Tabac et Riboteur. Se trouve à Paris, chez Delalain, 1769, in-8° de 40 p. (datée du 7 septembre 1769, attribuée à M. Daudé de Jossan).

(Cochin). Réponse de M. Jérome, rapeur de tabac, à M. Raphaël, peintre de l'Académie de Saint-Luc, etc. Se trouve à Paris, chez Jombert fils. 1769, in-8° de 33 p.

# EXPLICATION
# DES PEINTURES,
## SCULPTURES
### ET GRAVURES,
DE MESSIEURS
### DE L'ACADÉMIE ROYALE,

Dont l'Expofition a été ordonnée, fuivant l'intention de SA MAJESTÉ, par M. le Marquis DE MARIGNY, Confeiller du Roi en fes Confeils, Commandeur de fes Ordres, Lieutenant Général des Provinces de Beauce & d'Orléanois, Directeur & Ordonnateur général des Bâtimens du ROI, Jardins, Arts, Académies & Manufactures Royales; Gouverneur des villes de Blois, Suevres & Menars, & Capitaine Gouverneur du Château de Blois.

A PARIS,
De l'Imprimerie de HERISSANT Pere, Imprimeur du ROI, des Cabinet, Maifon & Bâtimens de SA MAJESTÉ, & de l'Académie Royale de Peinture, &c.

M. DCC. LXIX.
*AVEC PRIVILÉGE DU ROI.*

# AVERTISSEMENT.

*Il ſeroit à ſouhaiter que l'ordre établi dans ce petit Livre, fût conforme à l'arrangement des Tableaux dans le Salon du Louvre. Mais comme on ne pourroit alors le commencer qu'après que tous les Ouvrages y auroient été placés, il s'enſuivroit un inconvénient plus conſidérable encore; le Public ne jouiroit de ce Livret que long-temps après l'ouverture du Salon : on a donc cru plus à propos de mettre à chaque*

*Morceau un Numéro répondant à celui qui eſt dans ce Livre, & qu'il ſera aiſé d'y trouver.*

*Pour faciliter cette recherche, on a cru devoir interrompre l'ordre des grades de Meſſieurs de l'Académie, & ranger ces Ouvrages sous les diviſions générales de Peintures, Sculptures & Gravures. Lorſque le Lecteur cherchera le Numero marqué ſur un Tableau, il verra au haut des pages* Peintures, *& ne cherchera que dans cette partie; & ainſi des autres.*

# EXPLICATION

*des*

## *PEINTURES, SCULPTURES*

*& autres Ouvrages de Meſſieurs de l'Académie Royale, qui ſont expoſés dans le Salon du Louvre.*

## PEINTURES.

### OFFICIERS.

ANCIENS DIRECTEURS ET RECTEURS.

Par M. *Boucher*, premier Peintre du Roi, ancien Directeur et Recteur.

N° 1. Une Marche de Bohémiens, ou Caravanne dans le goût de Benedetto di Caſtiglione.

Tableau de 9 pieds de large, ſur 6 pieds 6 pouces de haut.

Par M. *Van Loo*, Ecuyer, Chevalier de l'Ordre du Roi, premier Peintre du Roi d'Efpagne, Directeur de l'École Royale des Élèves protégés, ancien Recteur.

2. Le Portrait de M. & de Mme la Marquife de Marigny.

Tableau de 4 pieds de hauteur, fur 3 de largeur.

3. Une Allemande jouant de la Harpe.

4. Une Efpagnole jouant de la Guitarre.

5. L'Education de l'Amour.

Ces trois Tableaux, de même grandeur, font de la hauteur de 3 pieds 7 pouces, fur 2 pieds 9 pouces de largeur.

6. Une Femme repréfentant l'Etude.

Tableau de 3 pieds 10 pouces de hauteur, fur 3 pieds 1 pouce de largeur.

7. Plufieurs Portraits fous le même N°.

---

Par M. *Jeaurat*, Recteur.

8. Un Preffoir de Bourgogne.

9. Une Veillée de Payfannes du même Canton.

10. Une Femme convalefcente.

---

On voit actuellement à S. Cloud le Plafond peint par M. *Pierre*, Adjoint à Recteur.

---

PROFESSEURS.

Par M. *Hallé*, Profeffeur.

11. Achille reconnu à la Cour de Deïdamie, par le

choix qu'il fait des armes qu'Uliſſe avoit mêlées avec les Bijoux de Femmes, à deſſein de le découvrir.

Ce Tableau de 15 pieds de long, ſur 10 pieds de haut, eſt deſtiné à être exécuté en Tapiſſerie à la Manufacture Royale des Gobelins.

12. Le Deſſin d'un Tableau qui a été exécuté pour S. M. le Roi de Pologne. Il repréſente Scilurus, Roi des Scythes, qui donne à ſes fils ſes derniers avis, & leur montre par le ſymbole d'un faiſceau que leur union les rendra invincibles.

Ce Deſſin a 3 pieds de haut, ſur 2 pieds de large.

---

Par M. *Vien*, Profeſſeur.

13. L'Inauguration de la Statue équeſtre du Roi.

Ce Tableau deſtiné pour l'Hôtel-de-Ville de Paris, a 14 pieds 6 pouces de largeur, ſur 10 pieds de hauteur.

---

Par M. *de la Grenée*, Profeſſeur.

14. Cérès enſeigne l'Agriculture au Roi Triptolême, dont elle nourriſſoit le Fils de ſon propre lait.

Ce Tableau, de 9 pieds 4 pouces de haut, ſur 7 pieds 4 pouces de large, eſt deſtiné à décorer la Salle à manger du nouveau Pavillon de Trianon.

15. Mars & Vénus ſurpris par Vulcain.

16. Pſiché ſurprend l'Amour endormi.

Ces deux Tableaux font partie de la décoration de la Chambre à coucher du Roi, au Château de Belle-Vue.

17. Télémaque, dans l'Ifle de Calypfo, devient amoureux de la Nymphe Eucharis, en careffant l'Amour.

18. Alphée poursuit Aréthufe, Diane les métamorphofe, l'un en Fleuve, & l'autre en Fontaine.

19. Clitie abandonnée par Apollon.

Ces trois Tableaux font de 2 pieds 3 pouces de largeur, fur 1 pied 10 pouces de hauteur.

20. Bacchus & Ariane.

21. Diane & Endymion.

Ces deux Tableaux ont 15 pouces de hauteur, fur 13 pouces de largeur.

22. L'Union de la Peinture & de la Sculpture.

Tableau ovale.

23. La Vierge aux Anges.

De 9 pouces de large, fur 7 pouces de haut.

24. Bain de l'Enfant Jefus.

25. La Vierge fait jouer l'Enfant Jéfus & le petit S. Jean avec un Mouton.

Ces deux Tableaux font de 15 pouces de haut, fur 12 pouces de large.

26. Hercule & Omphale.

27. Calyfto, Nymphe de Diane, fortant du Bain.

Ces deux Tableaux ont 3 pieds de haut, fur 2 pieds 6 pouces de large.

28. Euphrofine, Thalie & Aglaïé.

Tableau de 17 pouces de haut, fur 13 de large.

---

## ADJOINTS A PROFESSEUR.

Par M. *Amédée Vanloo*, Adjoint à Profeffeur.

29. Le Portrait du Roi de Pruffe en pied.

Tableau de 7 pieds de hauteur, fur 5 de large.

30. L'Hymen veut allumer fon Flambeau à celui de l'Amour.

Tableau de 4 pieds 6 pouces de haut, fur 3 pieds 6 pouces de large.

---

CONSEILLERS.

Par M. *Chardin*, Confeiller & Tréforier de l'Académie.

31. Les Attributs des Arts, & les Récompenfes qui leur font accordées.

Ce Tableau, répétition avec quelques changemens, de celui fait pour l'Impératrice des Ruffies, appartient à M. l'abbé Pommyer, Confeiller en la Grand'Chambre du Parlement, Honoraire Associé libre de l'Académie. Il a environ 5 pieds de large, fur 4 pieds de haut.

32. Une Femme qui revient du marché.

Ce Tableau, auffi répétition avec changemens, appartient à M. Silveftre, Maître à deffiner des Enfans de France.

33. Une Hure de Sanglier.

Ce Tableau a 3 pieds de large, fur 2 pieds 6 pouces de haut, eft tiré du Cabinet de Monfeigneur le Chancelier.

34. Deux Tableaux fous le même N°, repréfentans des Bas-reliefs.

35. Deux Tableaux de Fruits, fous le même N°.

36. Deux Tableaux de Gibier, fous le même N°.

---

Par M. *de la Tour*, Confeiller.

37. Plufieurs Têtes fous le même N°.

---

Par M. *Vernet*, Confeiller.

38. Plufieurs Tableaux de Marine & de Païfages, fous le même N°.

---

Par M. *Roflin*, Confeiller.

39. Le Portrait de M. l'Archevêque de Rheims, Grand-Aumônier de France.

Tableau de 6 pieds, fur 4.

40. Le Portrait de M. Bertin, Miniftre.

Tableau de 4 pieds 6 pouces, fur 3 pieds 6 pouces.

41. Une Dame, appüyée fur fon Clavecin; près d'elle, fon Mari & fon beau-Frère, M. le Chevalier Gennings.

Tableau de 4 pieds 6 pouces, fur 8 pieds 6 pouces.

42. Le Portrait de Madame Guefnon de Ponneuil, en habit d'Africaine.

Tableau de 2 pieds, fur 1 pied 8 pouces.

43. Plufieurs Portraits fous le même N°.

44. Une Tête de Femme ajuftée à la Polonoife.

45. Un Tableau repréfentant le Bufte en bronze de feu M. l'Abbé Gouguenot.

46. Deux Têtes, études de caractères.

## ACADÉMICIENS.

---

Par M. *Milet Francifque*, Académicien.

47. Plufieurs Payfages d'après nature, fous le même N°.

---

Par M. *Antoine le Bel*, Académicien.

48. Deux Payfages avec figures, fous le même N°.

De 2 pieds de haut, fur 1 pied 10 pouces de large.

---

Par M. *Hutin*, Académicien, Directeur de l'Académie de Peinture de S. A. S. M. l'Electeur de Saxe.

49. Deux Servantes Saxonnes.

Tableau de 2 pieds 6 pouces de haut, fur 1 pied 8 pouces de large.

---

Par M. *Peronneau*, Académicien.

50. Le Portrait de Madame Journu la mere.

Tableau à l'huile, de 2 pieds 3 pouces, fur 1 pied 10 pouces.

51. Le Portrait de M. Darcy.

De même grandeur, à l'huile auffi.

Ouvrages en Paftel.

52. Le Portrait de M. le Normand du Coudray.

Tableau d'un pied 10 pouces, fur 1 pied 6 pouces.

53. Mademoifelle Gaugy.

Tableau d'un pied 8 pouces, ſur 1 pied 5 pouces.

---

Par M. *Valàde*, Académicien.

54. Le Portrait de M. le Duc de Noailles.

55. Le Portrait de Madame de S[te] ***.

56. Le Portrait d'un jeune Enfant habillé en Eſpagnol.

Ces trois Tableaux en Paſtel ſont de forme ovale, de 3 pieds de hauteur, ſur 2 pieds 4 pouces de largeur.

---

Par M. *Deſportes le Neveu*, Académicien.

57. Des Fruits & du Gibier.

Tableau de 4 pieds de haut, ſur 3 de large.

58. Une Levrette avec du Gibier.

Tableau de 4 pieds de haut, ſur 2 pieds 6 pouces de large.

---

Par M. *Drouais*, Académicien.

59. Le Portrait de S. A. S. Madame la Princeſſe Joſéphine de Carignan.

60. Le Portrait de Madame la Comteſſe du Barry.

61. Pluſieurs Portraits ſous le même N°.

---

Par M. *Juliart*, Académicien.

62. Un Tableau de Payſage.

De 5 pieds 6 pouces de haut, ſur 7 pieds de large.

63. Autres Payſages ſous le même N°.

---

Par M. *Caſanova*, Académicien.

64. Deux Sujets de Chaſſe.

Ces Tableaux, de 5 de large, ſur 3 pieds 6 pouces de haut, appartiennent à Madame la Marquiſe de Langeac.

65. Un Payſage.

D'environ 3 pieds de haut, ſur 2 de large.

66. Deux Payſages.

De 8 pouces de haut, ſur 1 pied de large.

Ces trois Tableaux appartiennent à M. de Selle, Tréſorier de la Marine.

---

Par M. *Baudouin*, Académicien.

67. Pluſieurs feuillets du Livre de l'Epître & de celui de l'Evangile, deſtinés pour la Chapelle du Roi.

68. Le modèle honnête.

69. Autre Tableau à gouaſſe, ſous le même N°.

---

Par M. *Rolland de la Porte*, Académicien.

70. Le déſordre d'un Cabinet.

De 4 pieds de haut, ſur 3 de large.

71. Autres Tableaux ſous le même N°.

---

Par M. *Bellengé*, Académicien.

72. Un Tableau de Fruits.

De 3 pieds 7 pouces de haut, ſur 2 pieds 8 pouces de large.

73. Tableau de Fleurs, peint ſur glace.

Ce Tableau, de forme ovale, eſt tiré du Cabinet de M. Boucher, premier Peintre du Roi.

---

Par M. *le Prince*, Académicien.

74. Un Cabak, ou eſpèce de Guinguette des environs de Moſcou.

La ſituation de cette grande Ville préſente ſouvent la variété de Nations & d'Ajuſtemens que l'on peut remarquer dans ce Tableau.

75. Une Ruſſienne jouant de la Guitarre.

76. Un Drogman du Roi de France.

Ces Tableaux ſont d'un pied de haut, ſur 10 pouces de large.

77. Une Danſe Ruſſe.

78. Une Balançoire à la manière des Ruſſes.

79. Vingt-neuf Eſtampes gravées à l'imitation dü Lavis, par un procédé qui eſt particulier à cet Artiſte.

On cherche depuis longtemps les moyens de bien rendre le Lavis, & pluſieurs Artiſtes l'ont fait avec aſſez de ſuccès par différens procédés, mais il paroît que celui de M. le Prince eſt ſupérieur par ſa facilité, la promptitude de ſon exécution, & la juſteſſe de l'imitation du Lavis, ſoit au Biſtre, ſoit à l'Encre de la Chine.

---

Par M. *Guérin*, Académicien.

80. Deux petits Deſſus-de-Porte, Sujets de fantaiſie.

Ces Tableaux d'environ 15 pouces de hauteur, appartiennent à M. l'Abbé de Breteuil.

81. Un Concert.

De 14 pouces de haut, fur 10 de large.

82. Un jeune homme qui converfe avec une jeune Demoifelle fur les Sciences.

Ce Tableau eft du Cabinet de M. du Tartre.

83. Le Portrait de M^lle^ Cha***, en Diane, accompagnée de fes Nymphes, et pourfuivant le Cerf aux abois.

---

Par M. *Robert*, Académicien.

84. Un Port orné d'Architecture.

Ce Tableau, du Cabinet de M. le Duc de Choifeul, a 4 pieds de large, fur 3 de haut.

85. Un Tableau repréfentant des Portiques, Galeries et Jardins, tels qu'on en voit aux environs de Rome.

Ce Tableau appartient à M. le Comte de Saint-Florentin; il a 7 pieds 6 pouces de large, fur 5 pieds 6 pouces de haut.

86. La Cafcade du Belvedère Pamphile à Frescati.

87. Les Reftes d'un Efcalier antique.

Ces deux Tableaux, de 15 pouces de haut fur 1 pied de large, appartiennent à M. le Marquis de Seran.

88. Une Ruine du Veftibule d'un Temple.

89. Une Pièce d'Eau environnée de Galeries.

Ces deux Tableaux appartiennent à M. Hennin, Réfident de France à Genève. Ils ont 20 pouces de haut, fur 16 de large.

90. L'intérieur d'un Edifice circulaire orné de Colonnes & de Statues, avec une Pièce d'eau au milieu.

91. Les Cafcatelles de Tivoli.

Ces Tableaux appartiennent à Madame la Marquife de Langeac. Ils ont 3 pieds de large, fur 2 pieds 4 pouces de haut.

92. La Maifon de Campagne du Prince Mattei, près de Rome.

93. Un Payfage avec des Monumens antiques.

Ces Tableaux ont 2 pieds 3 pouces de large, fur 18 pouces de haut.

94. Le Deffous du Quai de Gefvres à Paris, vu du bas du Quai Pelletier, au bord de la Rivière.

Ce Tableau, de 2 pieds 3 pouces de large, fur 19 pouces de haut, appartient à M. le Carpentier, Architecte du Roi.

95. L'intérieur de la Colonnade de S. Pierre, dans le temps du Conclave.

96. La Grotte de Paufilippe, ornée d'Architecture.

Ces deux Tableaux ovales, de 14 pouces de haut, fur 10 de large, appartiennent à M. de la Ferté.

97. Plufieurs autres Tableaux d'Architecture, & Monumens antiques de Rome et des environs, fous le même N°.

98. Plufieurs Deffins coloriés faits en Italie. Payfages, Jardins, Temples & Edifices antiques & modernes de Rome.

---

Par M. *Loutherbourg*, Académicien.

99. Un Miftral, ou Marine par un vent frais.

100. Tempête par le Vent du Midi.

101. Carêne & entrée d'un Port.

102. Un Payſage, Soleil couchant.

Ces quatre Tableaux appartiennent à M. le Duc de Piquigny : ils ont 2 pieds 6 pouces de large, ſur 21 pouces de haut.

103. Une grande Tempête en pleine Mer.

104. Un Tableau de Marine, Soleil couchant.

De même grandeur que les précédens.

105. Une Tempête avec un coup de Tonnerre.

106. Autre Tempête par un grain de Vent.

Ces deux Tableaux ont 2 pieds 6 pouces de large, ſur 21 pouces de haut.

107. Des Bergers avec un Troupeau, pourſuivis par des Maraudeurs.

De 29 pouces de large, ſur 23 de haut.

108. Les Pelerins d'Emmaüs.

De 22 pouces de large, ſur 16 de haut.

109. Deux Payſages ſous le même N°.

Une Matinée & une Soirée.

De 13 pouces de large, ſur 9 de haut.

110. Autres Payſages ſous un même N°.

Matinée & Soirée.

De 22 pouces de large, ſur 19 de haut.

111. Deux autres Payſages avec Figures & Animaux.

De 25 pouces de large, ſur 22 de haut.

112. Autre Payſage au Soleil couchant, peint ſur cuivre.

113. Deux Amis qui font un Goûter au retour de la Chaſſe.

De 24 pouces de large, ſur 43 de haut.

114. Un Départ pour la Chaſſe au vol.

Largeur 3 pieds, hauteur 2 pieds 6 pouces.

Par feu M. *Amand*, Académicien.

115. Magon, frère d'Annibal, après la Bataille de Cannes, demande de nouveaux ſecours au Sénat de Carthage.

Ce Tableau eſt ſon morceau de Réception à l'Académie.

---

Par M. *Briard*, Académicien.

116. La Naiſſance de Vénus.

Tableau de 9 pieds 2 pouces de haut, ſur 8 pieds 3 pouces de large.

117. La Mort d'Adonis.

Tableau de 4 pieds de haut, ſur 3 de large.

118. Magdeleine Pénitente.

De 22 pouces de haut, ſur 18 de large.

---

Par M. *Brenet*, Académicien.

119. La Vérité.

Tableau deſtiné pour üne des Chambres du Parlement de Douai. Il a 13 pieds 8 pouces de haut, ſur 6 pieds 3 pouces de large.

120. Un Anachorète en méditation.

Tableau ovale de 14 pouces de haut, ſur 16 pouces de large.

121. L'Eſquiſſe d'un Tableau exécuté pour la Cathédrale de Bayonne; le ſujet eſt la Fuite en Egypte.

Elle a 26 pouces de haut ſur 22 de large.

122. Æthra, mère de Théſée, le conduit au lieu où ſon père avoit caché ſon épée & ſes ſouliers. Il lève facilement la pierre, prend l'épée, & ſe diſpoſe

à aller ſe faire reconnoître à Athènes. Plut. Vie de Théſée.

Tableau de 5 pieds de large, ſur 4 pieds de haut. C'eſt ſon Morceau de Réception à l'Académie.

---

Par M. *Lépicié*, Académicien.

123. Adonis changé en Anémone par Vénus.

Ce Tableau, de 4 pieds de large, ſur 2 pieds 6 pouces de haut, eſt deſtiné à décorer le nouveau Pavillon de Trianon.

124. Achille inſtruit dans la Muſique, par le Centaure Chiron.

Ce Tableau, de 5 pieds de large, ſur 4 pieds 6 pouces de haut, eſt ſon Morceau de Réception à l'Académie.

125. La Peinture.

126. L'Architecture.

Ces deux Tableaux, peints ſur bois, de 4 pieds 3 pouces de haut, ſur 2 pieds & demi de large, appartiennent à M. Cochin, Secrétaire de l'Académie.

127. L'Etude.

De 17 pouces de haut, ſur 14 de large.

128. La Viſitation.

Ce Tableau, de 21 pouces de haut, ſur 1 pied de large, eſt exécuté en grand dans le Chœur de la Cathédrale de Bayonne.

129. Etude d'une Tête de jeune Fille, une Tête de Payſanne, & pluſieurs Têtes de Vieillards, ſous le même N°.

130. Un Repos de Soldats, Efquiffe lavée, & diverfes Etudes deffinées, fous le même N°.

---

Par M. *Taraval*, Académicien.

131. Le triomphe de Bacchus.

Tableau deftiné à la décoration de la Gallerie d'Apollon, au Louvre. C'eft fon morceau de réception à l'Académie.

132. Adam & Eve, au moment où Eve lui préfente la pomme.

133. Une Baigneufe.

Tableau ovale.

134. Une Figure Académique d'homme.

---

Par M. *Huet*, Académicien.

135. Un Dogue fe jettant fur des Oyes.

Tableau de 5 pieds de large, fur 4 de haut: Ouvrage fait pour fa réception à l'Académie.

136. Des Dogues fe jettant fur des Animaux.

Tableau de 8 pieds, fur 6.

137. Une Caravanne.

Tableau quarré de 6 pieds.

138. Un Renard, dans un Poulaillier.

Tableau de 4 pieds, fur 3.

139. Oifeaux étrangers. Faifan des Indes, Perroquet, Colibri & autres.

Tableau de 4 pieds, fur 3.

140. Vue d'un Four bannal aux environs de Marli.

Tableau de 3 pieds, fur 2.

141. La Laitière.

Tableau de 3 pieds, ſur 1 pied 10 pouces.

42. Deux Tableaux de Fleurs, dans des vaſes.
De 2 pieds 6 pouces, ſur 2 pieds.

43. Un clair de Lune.
De 2 pieds 6 pouces, ſur 1 pied 8 pouces.

44. Un petit Chien.
Ce Tableau, de 22 pouces ſur 18, appartient à M. Bergeret.

45. Un Payſage avec des Animaux.
Tableau de 18 pouces, ſur 13.

46. Pluſieurs têtes d'Animaux, ſous le même numéro.

47. Une Perdrix.

48. Eſquiſſe d'une Chaſſe au lion.

49. Un Ange annonce aux Bergers la venue du Sauveur. Deſſin.

50. Pluſieurs Deſſins & Eſquiſſes, ſous le même numéro.

---

## AGRÉÉS.

---

Par M. *Greuze*, Agréé.

151. L'Empereur Sévère reproche à Caracalla ſon fils, d'avoir voulu l'aſſaſſiner dans les défilés d'Ecoſſe, & lui dit : Si tu deſires ma mort, ordonne à Papinien de me la donner avec cette épée.

152. La Mère bien aimée, careſſée par ſes Enfans.
De 4 pieds de large, ſur 3 pieds de haut.

153. Une jeune Fille qui fait ſa prière au pied de l'autel de l'Amour.
Hauteur 5 pieds, largeur 4 pieds 6 pouces.

154. Une jeune Fille qui envoie un baifer par la fenêtre, appuyée fur des fleurs, qu'elle brife.

De 4 pieds de haut, fur 3 pieds 6 pouces de large. Ces deux Tableaux appartiennent à M. le Duc de Choifeul.

155. Un jeune Enfant qui joue avec un Chien.

Hauteur 2 pieds, fur 1 pied 6 pouces de large.

156. Le Portrait du Prince héréditaire de Saxe.

Hauteur 1 pied 6 pouces, largeur 1 pied 3 pouces.

157. Le Portrait de M. Jeaurat.

Hauteur 2 pieds 6 pouces, largeur 2 pieds.

158. Le Portrait de M. de ***.

Hauteur 2 pieds 6 pouces, largeur 2 pieds.

159. Trois têtes d'Enfans, fous le même numéro.

Deffins.

160. La mort d'un Père de famille, regretté par fes enfans.

161. La mort d'un Père dénaturé, abandonné de fes Enfans.

162. L'Avare & fes Enfans.

163. La Bénédiction paternelle.

164. Le départ de Barcelonnette.

165. La Confolation de la Vieilleffe.

---

Par M. *Deshayes*, Agréé.

166. Plufieurs Portraits fous le même numéro.

---

Par M. *Jollain*, Agréé.

167. Clitie changée en Tournefol.

168. Hiacinthe changé en Hiacinte.

Tableaux de 4 pieds 2 pouces de large.

169. Diane furprife par Actéon.

Tableau de 2 pieds 3 pouces de large, fur 2 pieds 11 pouces de haut.

170. L'Amour captif de Diane.

171. L'Amour vainqueur de Diane.

Tableau de 2 pieds 11 pouces de large, fur 2 pieds 3 pouces de haut.

---

Par M. *Ollivier*, Agréé.

172. La mort de Cléopâtre.

Tableau de 5 pieds de large, fur 4 pieds de haut.

173. Converfations ou Promenades champêtres, deux Tableaux fous le même numéro.

Ces Tableaux, de 15 pouces de haut fur 12 de large, appartiennent à M. de la Ferté, Intendant des menus plaifirs du Roi.

174. Plufieurs Portraits fous le même N°.

---

Par M. *Renou*, Agréé.

175. Sainte Angele préfente les Urfulines, dont elle eft la fondatrice, à fainte Urfule, & lui montre en même temps faint Auguftin dont elles fuivent la règle.

Ce Tableau, ceintré, de 6 pieds de large fur 9 pieds de haut, eft deftiné pour l'Eglife des Urfulines de Lyon.

176. Une Veftale formant une couronne de fleurs.

177. Plusieurs Esquisses, & têtes d'Etude, sous le même numéro.

---

Par M. *Careme*, Agréé.

178. La Nativité de la Vierge, Esquisse.

Elle a été exécutée en grand, de la hauteur de 12 pieds, pour la Cathédrale de Bayonne.

179. Deux Tableaux représentans, l'un le serment de l'Amour, l'autre la fausse Indifférence.

D'un pied de haut, sur 15 pouces de large.

180. Prière à Vénus, Esquisse.

181. Dessins lavés et coloriés, sous le même numéro.

181. Une tête de Vieillard & autres Etudes de têtes, sous le même numéro.

---

Par M. *Beaufort*, Agréé.

182. Jesus-Christ, expirant sur la Croix, les saintes Femmes occupées à secourir la sainte Vierge qui s'evanouit.

Ce Tableau, de 7 pieds de haut sur 6 pieds de large, est pour la Salle de la Compagnie des Indes, à Pondicheri.

---

Par M. *Bounieu*, Agréé.

183. Silène barbouillé de mûres par la Nimphe Eglé. *Virgile.*

184. Repos de Bacchus.

Ces deux Tableaux, y compris la bordure, ont 2 pieds de hauteur, & 2 pieds 3 pouces de largeur.

185. L'Enlèvement du Soulier de Rodope. M^me Dacier. Vie de Sapho.

Tableau de 3 pieds de hauteur fur 2 pieds 10 pouces de largeur.

186. Le Portrait d'un enfant endormi fous la garde d'un chien.

Hauteur 2 pieds, largeur 1 pied 9 pouces.

---

Par M. *Pafquier*, Agréé.

187. Le Portrait du Roi.

188. Le Portrait du Roi de Danemarck.

Ces deux Tableaux, en émail, font fous une même glace.

189. Plufieurs Portraits en émail & en miniature, fous le même numéro.

---

Par M. *Du Pleffis*, Agréé.

190. Le Portrait de M. le Marquis de Rafilly, Brigadier des Armées du Roi, Capitaine des Gardes-Françoifes.

Tableau de 2 pieds 3 pouces de hauteur, fur 1 pied 10 pouces de largeur.

191. Le Portrait de M. l'abbé Arnauld, de l'Académie des Infcriptions & Belles-Lettres.

Tableau de 2 pieds 6 pouces de haut fur 2 pieds 3 pouces de largeur.

192. M. Majault, Docteur en Médecine.

Tableau de 2 pieds 10 pouces de hauteur, fur 2 pieds 3 pouces de largeur.

193. M. Gerbier, Avocat au Parlement.

Tableau ovale de 2 pieds 6 pouces de hauteur, fur 2 pieds de largeur, y compris fa bordure.

194. Le Portrait de M. le Ras-de-Michel.

De 2 pieds 6 pouces de hauteur, fur 2 pieds de largeur.

195. M. Couturier, ancien Notaire.

196. Mme Couturier.

197. M. l'abbé Jourdans, Chanoine de S. Louis du Louvre.

198. Mme Freret Dericour.

Tableau de 2 pieds 6 pouces de hauteur, fur 2 pieds de largeur.

199. Mme Le Noir.

Tableau de 2 pieds de haut, fur 1 pied 8 pouces de large.

---

Par M. *Hall*, Agréé.

200. Monfeigneur le Dauphin.

201. Monfeigneur le Comte de Provence.

202. Monfeigneur le Comte d'Artois.

203. M. le Comte de Saint-Florentin.

Plufieurs autres Portraits en miniature, dans le même cadre.

# SCULPTURES.

## OFFICIERS.

### ADJOINTS A RECTEUR.

Par M. *Le Moyne*, Directeur & Recteur.

204. Le Portrait de M. le Chancelier de Maupeou le Père.

Bufte en Marbre.

205. Le Portrait de M^me^ la Comteffe d'Egmont.

Bufte en Marbre.

### PROFESSEURS.

Par M. *Allegrain*, Profeffeur.

206. Deux Bas-Reliefs, figure de femmes qui repréfentent, l'une le Sommeil, & l'autre le Matin.

De 4 pieds de proportion. Ils font pour la chambre à coucher de M. le Comte de Brancas.

Par M. *Pajou*, Profeffeur.

207. Feue la Reine repréfentée avec les fymboles de la Piété, de la Prudence, de la Charité & de la Reconnoiffance.

Figure de 3 pieds et demi de proportion.

208. L'Efquiffe d'un Tombeau pour le feu Roi Staniflas; Roi de Pologne, Duc de Lorraine & de Bar, &c.

Ce Monarque, fur le bord du tombeau eft foutenu & couronné par l'Immortalité. Près d'expirer, il montre de la main gauche le Génie de la France à la Lorraine défolée. Au-deffous du Tombeau, une Sphère, des Rouleaux, des Livres & des Plans, figurent les Etabliffemens que ce Prince a faits, fon goût pour les Sciences & les Arts, & fa magnificence.

209. L'Amour, Dominateur des Elémens.

Cette Figure, de grandeur naturelle, eft exécutée en plomb pour Madame la Ducheffe de Mazarin.

M. Pajou vient de finir quatre Figures de Pierre de 9 pieds de proportion à l'avant-corps neuf du Palais-Royal, du côté du Jardin. Elles repréfentent:

MARS OU LES TALENS MILITAIRES.

LA PRUDENCE.

LA LIBÉRALITÉ.

LES BEAUX-ARTS, OU APOLLON.

---

Par M. *Caffieri*, Adjoint à Profeffeur.

210. Le Pacte de Famille.

Le Génie de la France infpire au Roi le deffein d'unir par un lien folide les différentes Branches de la Maifon de Bourbon, & lui préfente le Pacte de Famille. Le Roi exprime par fon gefte, qu'il adopte une entreprife fi intéreffante & fi glorieufe. Un autre Génie eft affis aux pieds du Monarque, tenant d'une main une corne d'abondance, & de l'autre l'olive & le laurier, pour montrer que l'alliance de ces auguftes Princes va procurer aux différentes Nations foumifes à leur Empire, les fruits de la Paix & de la Concorde.

Ce Grouppe a 2 pieds 9 pouces de proportion, & s'exécute de la même grandeur pour le Cabinet de M. le Duc de Choifeul, Miniftre de la Guerre & des Affaires Etrangères.

211. L'Efpérance nourrit l'Amour.

Figure en terre cuite de 2 pieds 2 pouces de proportion. Elle doit être exécutée en Marbre de même grandeur pour le Cabinet de M. ***.

Le Portrait de M. de la Faye, Vice-Directeur de l'Académie Royale de Chirurgie, & Démonftrateur Royal.

---

## ACADEMICIENS.

---

Par M. *d'Huès*, Académicien.

212. Vénus demande des armes pour fon fils.

Modèle de 26 pouces de proportion.

213. Un Enfant qui court.

Modèle de 26 pouces de proportion, qui doit être exécuté en marbre.

214. La Fontaine des Grâces. Efquiffe.

---

Par M. *Mouchy*, Académicien.

215. Un Berger qui fe repofe.

Figure en Marbre. C'eft fon morceau de réception à l'Académie.

Par M. *Dumont*, Académicien.

216. Milon de Crotone eſſaie ſes forces en ouvrant un tronc d'arbre que des Bucherons avoient entamé avec un coin.

Figure de Marbre de 2 pieds de hauteur. C'eſt ſon morceau de réception à l'Académie.

---

## AGRÉÉS.

---

Par M. *Berruer*, Agréé.

217. Deux Portraits en Médaillon.

---

Par M. *Gois*, Agréé.

218. La Juſtice.

219. La Prudence.

Modèles en plâtre. Ils ſont exécutés en Pierre, de 9 pieds de proportion, au couronnement de la porte de l'Hôtel de M. le Comte de Saint-Florentin.

220. Les Quatre Saiſons.

Bas-reliefs ovales, de 1 pied 6 pouces de proportion.

221. S. Bruno en méditation.

L'Apothéoſe du même Saint.

Deſſins lavés.

222. Projet pour une Chapelle au fond du Chœur de la Chartreuſe de Gaillon.

223. Pluſieurs Deſſins lavés, ſous le même numéro.

Par M. *Le Comte*, Agréé.

224. Un Efclave accablé de douleur.

Figure de 2 pieds 6 pouces de proportion.

225. Le Sacrement de la Confirmation.

Bas-relief en terre cuite, de 2 pieds 5 pouces de large, fur 1 pied 8 pouces de haut.

226. Le Repos de la Vierge en Egypte.

Bas-relief ovale de 15 pouces de haut fur 15 pouces de large.

227. Offrande au Dieu Pan.

Efquiffe en terre cuite de 18 pouces de haut.

228. Une Tête d'après nature.

En Marbre, de grandeur naturelle.

---

Par M. *Monot*, Agréé.

229. L'Amour décochant fes traits.

Modèle en Plâtre de 4 pieds 3 pouces, qui doit être exécuté en Marbre pour le Salon de M. le Baron de Befenval.

230. Une Jardinière Grecque portant fur fa tête un panier de Fruits.

Modèle de plâtre de la hauteur de 2 pieds 8 pouces.

231. Une Tête de Bacchante dans une douce ivreffe.

En Marbre, de grandeur naturelle.

232. Le Portrait de M. Target, Avocat au Parlement.

233. Le Portrait de Madame la Baronne de Clugny.

234. Une Figure de femme Egyptienne.

D'environ 3 pieds de haut.

# GRAVURES.

## OFFICIERS.

Par M. *Cochin*, Chevalier de l'Ordre du Roi, Secrétaire de l'Académie.

235. Plufieurs Deffins allégoriques fur les règnes des Rois de France.

Ils font deftinés à être gravés pour l'ornement de l'Abrégé chronologique de l'Hiftoire de France par M. le Préfident Hénault.

236. Douze Eftampes de cette même fuite.

237. Le Portrait de M. de Parcieux, & autres Deffins fous le même numéro.

## ACADÉMICIENS.

Par M. *Le Bas*, Académicien.

238. L'une des feize Eftampes qui font gravées à Paris pour l'Empereur de la Chine.

Elle repréfente un combat des Chinois contre les Tartares. Elle eft gravée d'après le deffin fait en Chine par le P. Caftillon, Jéfuite.

Par M. *Tardieu*, Académicien.

39. Le Portrait de M. le Prince dé Gallitzin, ci-devant Miniſtre Plénipotentiaire en France de la Cour de Ruſſie.

D'après le Tableau de M. Drouais.

---

Par M. *Wille*, Académicien.

40. Le Concert de Famille.

D'après le tableau de Scalken.

---

Par M. *Roettiers* le fils, Académicien, Graveur Général des Monnoies de France.

41. Le Buſte du Roi, & celui de M. Bertin, Miniſtre & Secrétaire d'Etat.

Médailles.

242. Projet d'un Revers de Médaille pour un Prince de Gallitzin, mort en 1767.

Il étoit Sénateur & entretenoit chez lui une Table pour les Pauvres.

La Juſtice, dans la douleur, demande au Ciel à remettre dans des mains auſſi dignes l'Epée & la Balance.

Le Pauvre s'occupe des cendres renfermées dans l'Urne, & reſſent la perte qu'il a faite.

243. Le Triomphe de la Peinture.

244. La Tentation de S. Antoine.

245. Une Veillée.

## AGRÉÉS.

---

Par M. *l'Empereur*, Agréé.

246. Les Jardins d'Amour.

Eſtampe connue auſſi ſous le nom de la Famille de Rubens, dont elle préſente les Portraits.

D'après le Tableau de Rubens.

---

Par M. *Moïtte*, Agréé.

247. Les Œufs caſſés.

D'après le Tableau de M. Greuze.

---

Par M. *Mellini*, Agréé.

248. Le Matin.

Le Soir.

D'après le Tableau de M. Loutherbourg.

---

Par M. *Beauvarlet*, Agréé.

La Converſation Eſpagnole.

Gravée d'après Carle Vanloo.

Deſſins au Crayon noir.

250. Une Vendange.

D'après David Teniers, de 2 pieds de largeur, ſur 17 pouces de haut.

251. La Vierge avec l'Enfant Jeſus, & le petit Saint Jean.

252. Deux Paſtorales.

Deſſinés d'après les Tableaux de M. Boucher, premier Peintre du Roi, & deſtinés à être gravés.

Par M. *Duvivier*, Graveur des Médailles du Roi, Agréé.

253. Plusieurs Médailles dans un même cadre.

1. Le Roi.
   Médaille de 28 lignes de diamètre.
2. Médaille de la première Pierre du Portail de Sainte Croix d'Orléans.
3. Médaille de la première Pierre de l'Ecole Royale Militaire.
4. Buste de Henri IV, proposé par l'Académie de la Rochelle, pour prix du meilleur Eloge de ce Prince.
5. Médaille pour le nouveau Prix fondé à l'Académie de Marseille, par M. le Duc de Villars.
6. Médaille ordonnée par la Ville de l'Orient.
7. Médaille du Prix de Philosophie du Collége d'Orléans.
8. Divers Jettons pour différentes Compagnies.

---

Par M. *Demarteau*, Agréé.

254. Lycurgue blessé dans une sédition

Gravé dans la manière qui imite le crayon, d'après le Dessin de M. Cochin.

---

Par M. *Levasseur*, Agréé.

255. La Continence de Scipion.

D'après le Tableau de Le Moine.

256. Les Adieux d'Hector & d'Andromaque.

D'après le Tableau de Restout.

257. Le Médecin Erasistrate découvre l'amour d'Antiochus.

D'après le Tableau de Colin de Vermont.

## TAPISSERIES.

258. Le Portrait du Roi.

259. Le Portrait de la Reine.

Ces Morceaux, le premier d'après M. Vanloo, le fecond d'après feu M. Nattier, ont été exécutés en Tapifferie à la Manufacture Royale des Gobelins, fous la conduite de M. *Cozette*, l'un des Entrepreneurs de cette Manufacture. Celui de la Reine a été exécuté par M. fon fils. Ils font deftinés à être placés dans la Salle du Confeil de l'Ecole Royale Militaire, & ont 3 pieds de haut, fur 2 pieds 6 pouces de large.

## SUPPLÉMENT

A l'article de M. *Jollain*, p. 27.

260. Le Refuge.

Elifabeth de Ranfin, Fondatrice de l'Inftitut de Notre-Dame du Refuge des Vierges et Filles pénitentes de l'Ordre de S. Auguftin, eft repréfentée, avec fes trois Filles, implorant l'interceffion de la Vierge pour le pardon des Filles Pénitentes. La Vierge offre leur repentir au Pere Eternel, qui arrête l'Ange exterminateur prêt à les punir; une des Filles de la Fondatrice préfente l'habit de l'Ordre aux Filles Repenties.

Tableau de 12 pieds de haut fur 6 pieds 6 pouces de large.

## *ADDITION.*

On voit, les après-midi, dans l'attelier de M. Couftou (Place nouvelle du Louvre, près la rue des Poulies) le modèle du Tombeau de feu Monfeigneur le Dauphin & de feue Madame la Dauphine.

Il doit être exécuté en Marbre, & placé au milieu du Chœur de l'Eglife Cathédrale de Sens.

Ce Tombeau, deftiné à réunir deux Epoux qu'une égale tendreffe avoit unis pendant leur vie, préfente un piédeftal quarré, fur lequel font placées deux urnes liées enfemble d'une guirlande de la fleur qu'on nomme Immortelle.

Du côté qui fait face à l'Autel, l'Immortalité, debout, eft occupée à former un faifceau ou trophée des attributs fymboliques des vertus morales de feu Monfeigneur le Dauphin; la balance de la Juftice; le fceptre, furmonté de l'œil de la Vigilance; le miroir, entouré d'un ferpent, de la Prudence; le lis de la Pureté, &c. A fes pieds eft le Génie des Sciences & des Arts, dont le Prince faifoit fes amufemens. A côté, la Religion, auffi debout, & caractérifée par la Croix qu'elle tient, pofe fur les urnes une couronne d'étoiles, fymbole des récompenfes céleftes deftinées aux vertus chrétiennes, dont ces auguftes Epoux ont été le plus parfait modèle.

Du côté qui fait face à la nef, le Temps, caractérifé par fes attributs, étend le voile funéraire déjà pofé fur l'urne de Monfeigneur le Dauphin, mort le premier, jufques fur celle qui eft fuppofée renfermer les cendres de Madame la Dauphine. A côté, l'Amour conjugal, ſon flambeau éteint, regarde avec douleur un Enfant qui briſe les chaînons d'une chaîne entourée de fleurs, ſymbole de l'Hymen.

Les faces latérales, ornées des cartels des armes du Prince & de la Princeſſe, ſont conſacrées aux inſcriptions qui doivent conſerver à la poſtérité la mémoire de leurs vertus.

Dans ce même attelier, on voit auſſi une Figure de Vénus, exécutée en marbre par M. Couſtou. Elle appartient au Roi de Pruſſe.



FIN.

Nogent-le-Rotrou, imprimerie de A. Gouverneur.

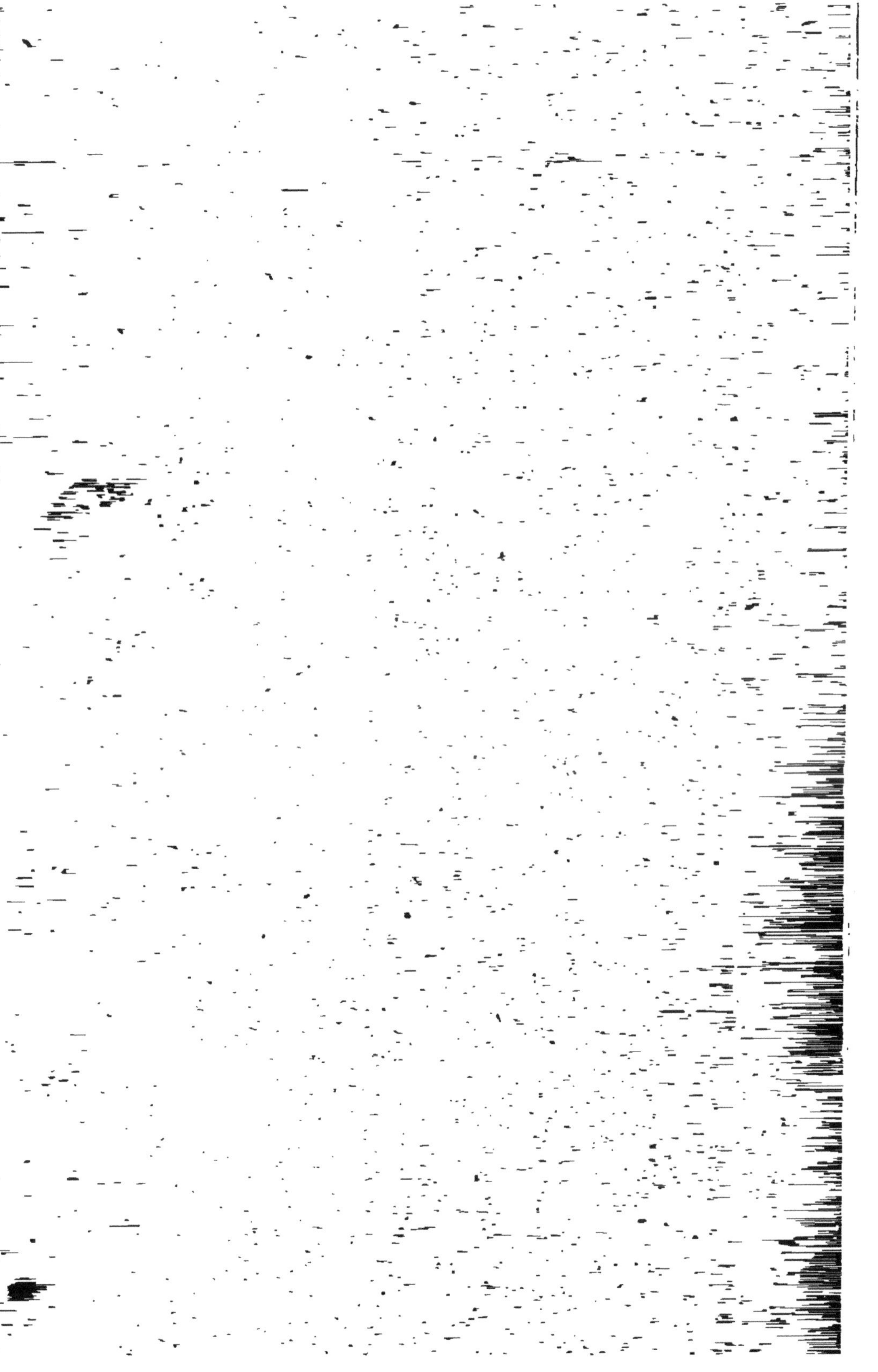

## CONDITIONS DE LA SOUSCRIPTION

A LA

## RÉIMPRESSION DES ANCIENS LIVRETS

---

Chaque volume sera livré aux souscripteurs moyennant le prix :

De 1 fr. 25 sur papier vergé;

De 2 fr. 50 sur papier de Hollande;

De 3 fr. sur papier de Chine.

Les souscripteurs de Paris recevront les volumes à domicile. Ceux de province ou de l'étranger pourront se les faire envoyer en payant en surplus les frais de poste, s'ils ne préfèrent les faire réclamer aux bureaux de souscription.

*On souscrit :*

Chez : MM. LIEPMANNSSOHN ET DUFOUR, libraires, 11, rue des Saints-Pères.

---

*On trouve à la même librairie,*

LE DUC D'ANTIN ET LOUIS XIV, rapport sur l'administration des bâtiments annotés par le Roi, publiés avec une préface, par *J.-J. Guiffrey*.

*Sous presse,*

LES ARTISTES FRANÇAIS, NOTICES ET DOCUMENTS pour faire suite aux *Archives de l'art français*, publiés par MM. An. de Montaiglon et J.-J. Guiffrey. Un fort volume sur papier vergé tiré à petit nombre, titre en deux couleurs. Prix, 12 fr.

---

Nogent-le-Rotrou, imprimerie de A. Gouverneur.

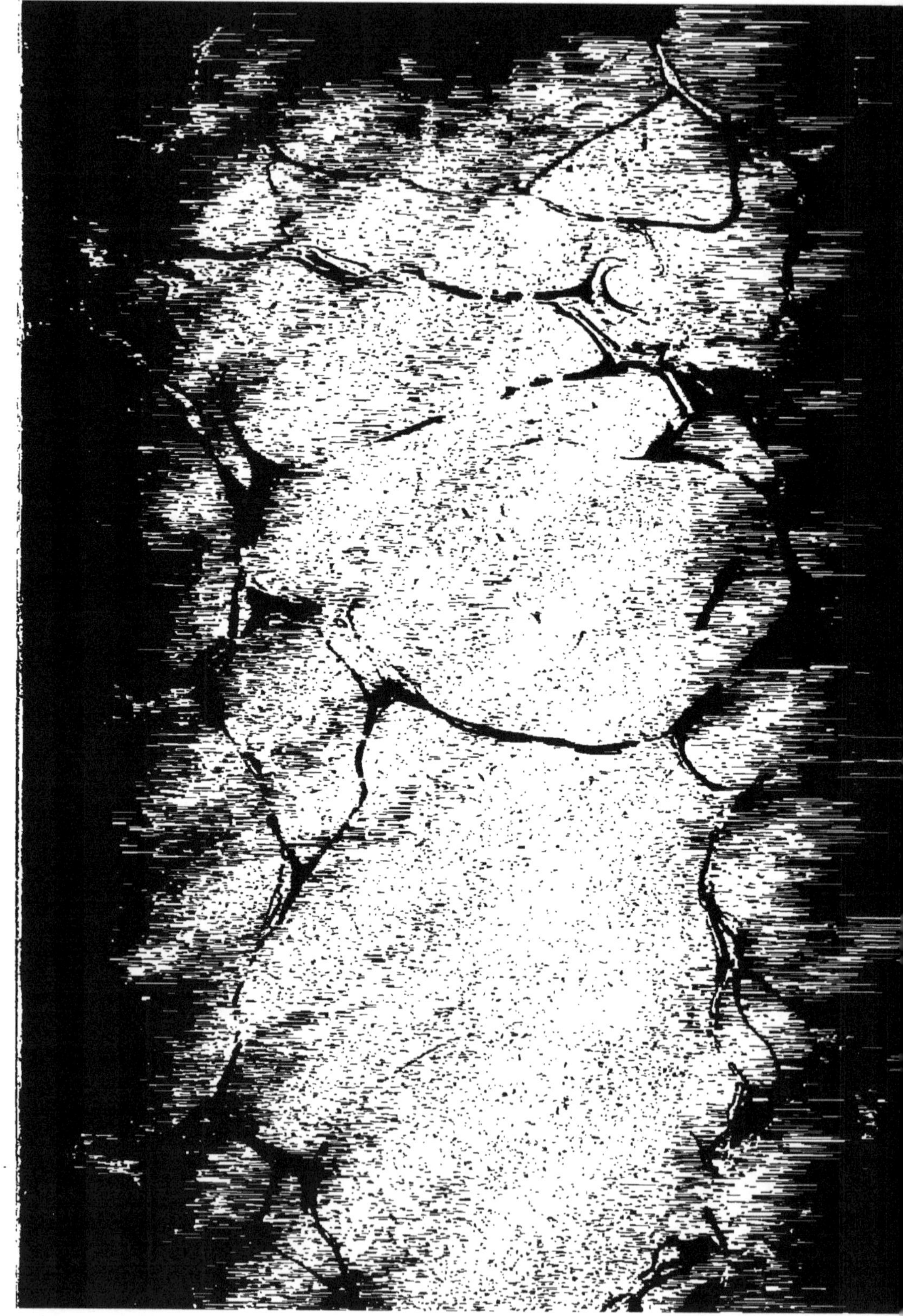

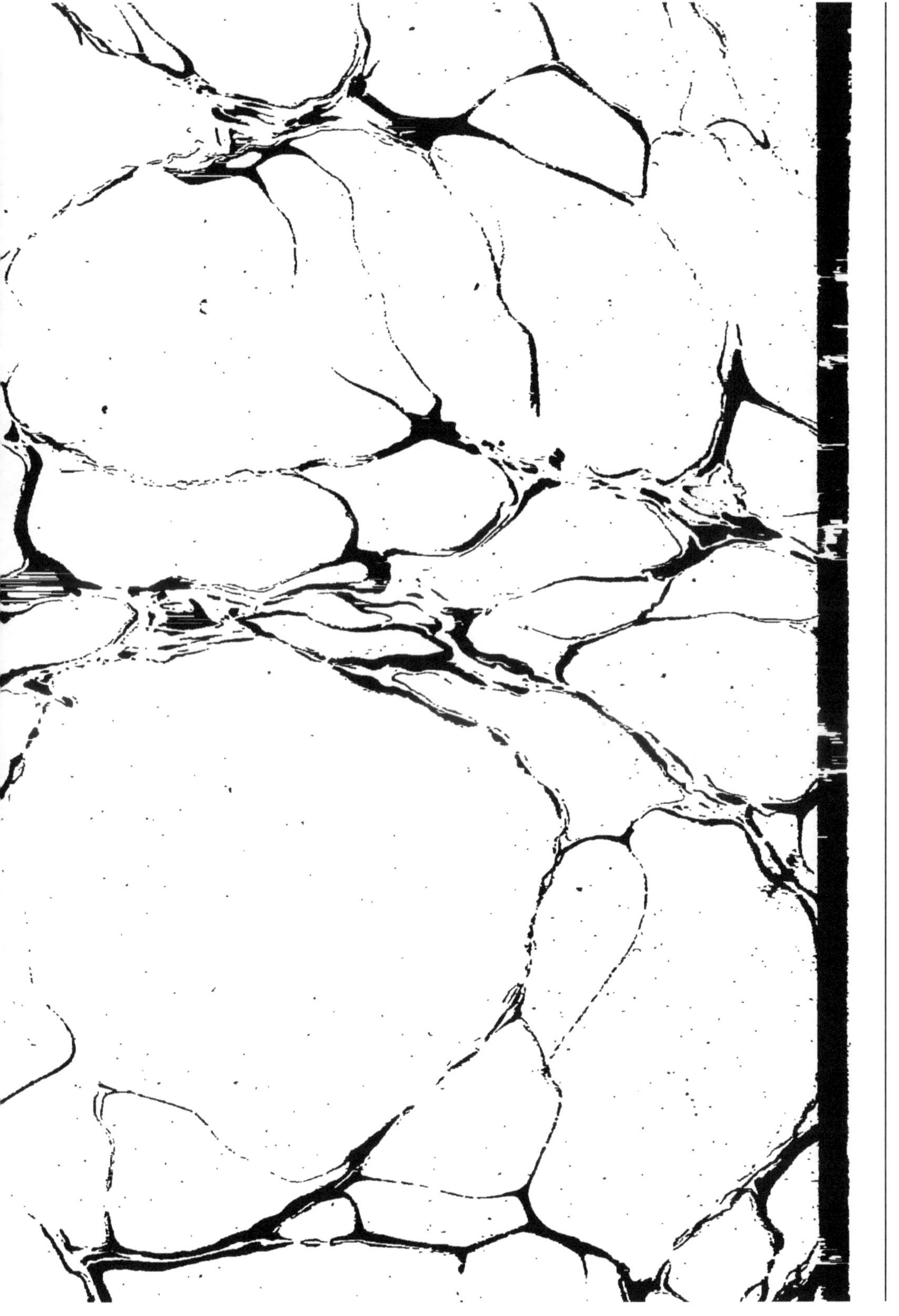

www.ingramcontent.com/pod-product-compliance
Ingram Content Group UK Ltd.
Pitfield, Milton Keynes, MK11 3LW, UK
UKHW020428230726
13925UKWH00004B/1644